Física cuántica: consigue lo que quieres

Consejos prácticos de física cuántica para atraer salud, felicidad, riqueza y abundancia

por **Maya Faro**

Maya Faro © Copyright 2022 - Todos los derechos reservados.

ISBN: 978-1-80095-085-6

El contenido en este libro no puede reproducirse, duplicarse o transmitirse sin el permiso directo por escrito del autor o del editor.

Tenga en cuenta que la información contenida en este libro es solo para fines educativos y de entretenimiento. Todo el esfuerzo se ha ejecutado para presentar información precisa, actualizada, confiable y completa. No se declaran ni implican garantías de ningún tipo. Los lectores reconocen que el autor no participa en la prestación de asesoramiento legal, financiero, médico o profesional.

Al leer este libro, el lector acepta que en ningún caso el autor es responsable de las pérdidas, directas o indirectas, que se incurran como resultado del uso de la información contenida en este documento, incluidos, entre otros, errores, omisiones o inexactitudes.

Introducción 5

Capítulo 1: ¿Qué es la física cuántica?............7

Capítulo 2: ¿Qué tiene que ver esto conmigo? 20

Capítulo 3: Comprender las afirmaciones 25

Capítulo 4: Crear de una afirmación poderosa 39

Capítulo 5: Reprogramación para tener riqueza y éxito........... 50

Capítulo 6: Reprogramación para relaciones saludables............56

Capítulo 7: Mejor gestión del tiempo mediante la reprogramación............67

Capítulo 8: Mira cómo desaparece tu estrés y ansiedad............ 80

Conclusión 89

Motivación: Libera tu motivación interior, logra lo que siempre has querido y disfruta el proceso............ 92

Introducción

Felicitaciones por interesarte en la *física cuántica para conseguir lo que quieres: consejos prácticos de física cuántica para mejorar tu vida, atraer salud, felicidad y dinero*, y gracias por hacerlo.

En los siguientes capítulos se discutirán algunos de los fundamentos de la física cuántica y cómo puede hacer una gran diferencia en tu vida. La mayoría de la gente asume que la física cuántica es demasiado complicada y que la única forma en que se puede aplicar es en un laboratorio, por lo que nunca tendría algo que ver con sus vidas, pero en realidad, la física cuántica y algunas de las teorías detrás de ella tienen todo que ver con cómo se desarrolla tu vida; la idea detrás de esta teoría es que tus emociones y sentimientos envían energía a través del universo, esta energía entonces coincidirá con partículas que están en el exterior y que no tienen un estado; una vez que estas energías coincidan, las partículas se activarán en un estado y te enviarán de regreso la misma energía, esto va a influir en la forma en que tu vida se desarrollará y los tipos de cosas que surjan. Con energía positiva, podrás obtener la buena salud, la riqueza y las relaciones que deseas.

Esta guía se tomará el tiempo para ver cómo estas ideas en la física cuántica te ayudarán a obtener la vida con la que siempre has soñado. Además de hablar sobre la física cuántica y los fundamentos detrás de ella, echaremos un vistazo a cómo las afirmaciones pueden ayudar, cómo puedes cambiar la energía e incluso cómo puedes lograr las grandes cosas que deseas en tu vida.

Tu destino es tener salud, riqueza y felicidad en la vida, y ¡con la ayuda de esta guía y el pensamiento positivo podrás tener la vida que deseas!

Hay muchos libros sobre este tema en el mercado, ¡así que gracias de nuevo por elegir este! Se hizo todo lo posible para que estuviera lleno de la mayor calidad de información útil posible. ¡Disfrútalo, por favor!

Capítulo 1: ¿Qué es la física cuántica?

Antes de adentrarnos en los conceptos básicos de cómo este tipo de física puede ayudarte a mejorar tu vida, echemos un vistazo a los conceptos básicos detrás de la física cuántica y todo lo que implica.

Si alguna vez has estado en un aula de ciencias, es posible que hayas oído hablar de la física cuántica y de cómo es un campo que está más avanzado en el ámbito de la ciencia; algunos pueden estar felices de que solo necesitarán tener los conocimientos básicos de la ciencia en la escuela secundaria y la universidad y de que nunca necesitarán llegar tan alto para aprender sobre este campo de la física, pero a pesar de los pensamientos complejos que acompañan a la física cuántica, este es un estudio fascinante que puede mejorar tu vida cuando aprendes los principios básicos que actúan en él. Demos un vistazo a la física cuántica y hagámonos una idea de ella antes de avanzar hacia las diferentes formas en que puedes hacer que la física cuántica funcione para mejorar tu vida.

¿Qué es la física cuántica?

La primera pregunta que puedes tener es ¿qué es la física cuántica? y bueno, esta es el estudio de la energía y la materia a nivel molecular, nuclear, atómico e incluso microscópico; fue descubierta durante el siglo 20, cuando aún se pensaba que las leyes que rigen los objetos macroscópicos no funcionarían de la misma manera si se colocaran en un nivel más pequeño; muchos científicos comenzaron a trabajar para aprender las diferencias entre cómo funcionaba lo macro y lo micro, y por qué eran tan diferentes.

El significado en latín de quantum (ya que en inglés se dice quantum physics) es "cuánto" y esto hace referencia a las pequeñas unidades de energía y materia que por primera vez la física cuántica predijo, así como su observación dentro de esta ciencia; incluso el tiempo y el espacio tienen valores minúsculos que se pueden descubrir en este tipo de ciencia, aunque al principio parezcan enormes.

Antes del siglo[20], los científicos habían hecho grandes avances en averiguar cómo funcionaba el mundo, pero carecían de la tecnología para poder observar sus mediciones con la más alta precisión y, a menudo, asumían que las medidas que tomaban en la parte más grande del objeto serían las mismas en todo este, pero con el tiempo fueron capaces de tener la tecnología que agregó más precisión a sus mediciones y luego se observaron algunas cosas extrañas. Fue durante la década de 1900 que la física cuántica nació gracias a un artículo de Max Planck que hablaba de la radiación del cuerpo negro; junto con Niels Bohr, Albert Einstein, Erwin Schrödinger y otros, hubo muchos avances en este campo a lo largo de los años, pero la parte sorprendente es que Einstein tuvo algunos problemas con las teorías detrás de la física cuántica y trató de hacer modificaciones y refutar las teorías, a pesar de que su trabajo se utilizó más tarde para lograr más avances en dicho estudio.

A estas alturas te estarás preguntando qué es lo que hace tan especial a la física cuántica; ¿por qué necesitas aprender sobre ciencia para que algo bueno suceda en tu vida? En el reino de la física cuántica, cuando observas algo, puedes influir en los procesos que están teniendo lugar físicamente; las ondas de luz actuarán como partículas, y las partículas se comportan como ondas, la materia puede ir de un lugar a otro sin tener que moverse a través del espacio entre los dos lugares, un proceso conocido como el efecto túnel, y la información se puede mover a través de una gran distancia al instante.

Lo extraordinario que surge a partir de la mecánica cuántica es que el universo es una serie de probabilidades; se va a desintegrar cuando se trate de un objeto grande, pero todas las posibilidades están ahí, esperando a ver lo que viene a continuación; puedes tener alguna opción para influenciarlas si sabes cómo hacerlo y sí, esto suena confuso, sobre todo cuando empiezas a conocer todas las fórmulas e intentas estimar cómo van a funcionar los átomos, es algo que puede poner a prueba tu cerebro un poco, pero en este libro no nos vamos a centrar tanto en los detalles de cada átomo y molécula, esto no va a ser un manual, sino que discutiremos cómo puedes usar algunas de estas teorías, e incluso cambiar algunos aspectos de tu vida, para permitir que la física cuántica funcione para mejorar tu vida.

Hay varios tipos de física cuántica con los que puede trabajar, incluidos los siguientes:

Entrelazamiento cuántico

Este es uno de los conceptos clave de la física cuántica, ya que describe una situación en la que una multitud de partículas se asocian de tal manera que la medición del estado cuántico de solo una de estas partículas también impondrá restricciones a la medición de las otras y uno de los ejemplos más conocidos de entrelazamiento cuántico es la Paradoja Einstein-Podolsky-Rosen (o Paradoja EPR), la que involucra a dos partículas que están entrelazadas según la mecánica cuántica; cada una de estas partículas no está segura de su estado hasta que se mide, y una vez que se mide, tendremos certeza de ese estado y al mismo tiempo, también la tendremos sobre el estado de la otra partícula. Esto es una paradoja porque parece que la comunicación entre estas dos partículas ocurre más rápido que la velocidad de la luz; es una paradoja única, ya que tienes dos partículas que no tienen idea de lo que están haciendo en ese momento, no tenemos certeza de sus estados, aunque están unidas y cuando se mide una de ellas, tenemos certeza del estado de ambas al mismo tiempo, y dado que las partículas son consideradas posibilidades en el mundo antes de ser medidas, hay infinitas posibilidades en las que ambas podrían convertirse en el resultado; entonces, ¿qué significa esta paradoja? Significa que hasta el momento en que midas las partículas, no van a tener un giro cuántico definido, pero están esperando para descubrir sus posibles estados y tan pronto como midas el giro de la primera partícula, sabrás el valor que obtendrás si eliges medir el giro de la segunda partícula, esto se debe a que ambas partículas deben ser iguales a cero, como lo hicieron al principio, entonces, sin importar cómo se mida la primera partícula, la segunda debe ser negativa.

Óptica cuántica

Esta es otra rama de la física cuántica que se concentra más en el comportamiento de los fotones, o luz, ya que al trabajar con opciones cuánticas, estudiarás cómo el comportamiento de cada fotón tendrá una influencia individual en cómo sale la luz y una de las aplicaciones que se han descubierto utilizando la óptica cuántica incluye los láseres.

Electrodinámica cuántica

Este es el estudio de cómo los fotones y los electrones interactúan a nivel micro y fue desarrollado por primera vez en la década de 1940 por Richard Feynman, Sin-Itro Tomonaga y Julian Schwinger, entre otros. Las predicciones que surgieron a partir del uso de QED con respecto a la dispersión de electrones y fotones fueron bastante precisas; llegaron al punto de que eran correctas hasta once decimales cada vez.

Estas son solo algunas de las teorías que han surgido del estudio de la física cuántica y muchos científicos han trabajado para entender más sobre esta parte de la física, así como para tratar de reconciliar esta teoría con algunas de las ideas que Einstein ideó anteriormente; A pesar de las diferentes pruebas, las reglas que acompañan a la física cuántica parecen ser diferentes a las que se encuentran con otros tipos de objetos, lo que hace que sea un estudio fascinante.

Cosas que debes saber sobre la física cuántica

Una de las razones por las que la física cuántica es tan difícil de entender para la gente desde el principio es porque es contradictoria, ya que todo lo que has aprendido en el pasado sobre átomos, moléculas y otras partículas parece desaparecer cuando llegas a la física cuántica; incluso algunos de los físicos que trabajan con ella todos los días tienen algunos problemas para comprender lo que está pasando, pero a pesar de toda esta confusión, la física cuántica no tiene que ser incomprensible. Por esto, existen seis conceptos que debes tener en cuenta cuando intentes aprender más sobre la física cuántica que también te ayudarán a encontrarle más sentido.

1. Todo está formado por ondas y partículas

Lo primero que hay que entender es que todo en nuestro universo tiene una naturaleza ondulatoria y una naturaleza particularizada al mismo tiempo; con las partículas de las que se habla en física cuántica, la onda no se está moviendo en absoluto, pero todavía hay una naturaleza ondulatoria presente que se activará una vez que midas esa partícula en particular.

2. Este tipo de física se considera probabilística

Esta es una de las partes más controvertidas y sorprendentes del trabajo con la física cuántica, ya que es casi imposible predecir con absoluta certeza cuál será el resultado de un experimento. Cuando los físicos intentan predecir los resultados de su experimento, la predicción siempre se hace en forma de una probabilidad que enumera la probabilidad de encontrar cada uno de los diferentes resultados; a menudo se necesitan bastantes experimentos para descubrir estas probabilidades en lugar de solo uno y esto es controvertido porque ha confundido a la gente durante mucho tiempo, ya que a nuestra física moderna le gusta la idea de que cuando realizas un experimento, va a suceder de la misma manera cada vez que lo haces, pero esto no es así con la física cuántica. Podrías probar el experimento diez veces y obtener un resultado diferente cada vez, o tal vez tener el mismo resultado seis veces y luego otros completamente diferentes para las otras cuatro veces, por lo tanto, no hay garantía de lo que obtendrás, por lo que todas se enumeran como probabilidades; esto también es parte de la teoría que lleva a la idea de que una partícula podría estar en muchos estados diferentes a la vez. Todo lo que los científicos pueden predecir es la probabilidad de que algo suceda, y luego, cuando comiencen a hacer las mediciones, la partícula tomará un estado particular basado en todas las posibilidades a las que podría llegar. Ahora, algunas personas asumen que la partícula puede estar en todos los estados a la vez hasta que se mide, y otros creen que la partícula está en un solo estado que se desconoce antes de ser medida para elegir el estado correcto.

3. La física cuántica se considera no local

Esto se descubrió gracias al artículo de EPR que argumentaba que la física cuántica permitiría la existencia de sistemas en los que las mediciones realizadas en un lugar podrían afectar a la otra partícula, incluso si se producían en lugares que estaban muy separados; esto hizo que muchas personas creyeran que los resultados de la medición debían estar predeterminados porque era demasiado rápido, más rápido que la velocidad de la luz, para cambiar ambas partículas al mismo tiempo.

Si bien el documento trató de demostrar que estos resultados deben estar predeterminados, no fueron capaces de hacerlo y el enfoque común que se utiliza para entender estos resultados es decir que la mecánica cuántica es no local, esto significa que no hay manera de explicar cómo estas señales se alcanzan entre sí cuando se usa la velocidad de la luz porque son mucho más rápidas, algo en que los científicos todavía están trabajando para resolverlo. Einstein fue uno de los primeros que no entendió cómo funcionaba esto, y aunque trató de trabajar con el documento de EPR para demostrar que esta parte de la física cuántica no funcionaba, él solo pudo probar que es algo que sucede. A lo largo de los años, la gente ha tratado de usar esto para explicar los agujeros de gusano y otras cosas únicas que ocurren en el campo científico, así que si sientes un poco de confusión por cómo funciona todo esto, no te preocupes, no eres la única persona, ya que incluso los científicos están confundidos por la forma en que estas partículas reaccionan de diferentes maneras a lo esperado. Las reglas de la física cuántica no van a seguir las reglas que se establecen en otras ramas de la física, lo que puede hacerlas confusas, pero fascinantes al mismo tiempo; afortunadamente, tu podrás utilizar esta información y el hecho de que las partículas pueden reaccionar de diferentes maneras a lo largo del tiempo para tu beneficio, como mostraremos en los siguientes capítulos.

Lidiar con la física cuántica puede parecer confuso, y para aquellos que no han trabajado en este campo, puede ser extraño pensar que algunas partículas no tienen estados o que van a cambiar instantáneamente cuando solo se mide una de ellas, ¡pero aprenderás a hacer que estas funcionen a tu favor para mejorar tu vida y tus relaciones personales!

Capítulo 2: ¿Qué tiene que ver esto conmigo?

Hasta ahora hemos dedicado algún tiempo a estudiar los fundamentos de la física cuántica aunque hay mucho más, pero el capítulo anterior puede ayudarnos a entender cómo podemos hacer que las cosas funcionen de la manera que tú deseas, así que echemos otro vistazo a la física cuántica y aprendamos cómo puedes usar estos conceptos básicos para hacer los cambios que quieres para tu vida.

La idea detrás de esto es que las dos partículas están en varios estados a la vez o en un estado desconocido, no sabemos en qué estado se encuentran, y esto puede cambiar regularmente hasta que midas una de las partículas; la otra partícula habrá cambiado al mismo tiempo. Una vez realizada la medición, encontrarás que se determina el estado de las partículas, teniendo eso en mente, lo siguiente a considerar es cómo van a cambiar estas partículas, y una de las cosas únicas que suceden con la física cuántica es que ninguna de las partículas tiene que cambiar de cierta manera, ya que se han realizado estudios en varias partículas y cada vez se presentan respuestas diferentes; ten en cuenta que las predicciones sobre cómo responderá una partícula varían en función de la probabilidad, no de la certeza, por lo tanto, la nueva pregunta es, ¿qué es lo que afecta la forma en que la partícula reaccionará?

En la mayoría de la física, sabes que si se cumplen ciertas condiciones y se mantienen constantes, vas a tener la misma reacción cada vez; por ejemplo, cuando dejas caer una pelota desde la misma altura cada vez, rebotará en el suelo a la misma velocidad cada vez, pero con la física cuántica, estas partículas no van a funcionar de la misma manera que la mayoría de otros asuntos. Puedes mantener todas las partes constantes, pero darán un resultado diferente cada vez que realice el trabajo y esto no tiene sentido en el mundo de la ciencia y la física, pero es lo que sucede cuando se trabaja en física cuántica; algunos creen que pueden influir en las formas en que reaccionan las partículas en función de tus pensamientos y percepciones. Si la estás pasando mal o estás de mal humor algún día, puedes encontrar que las partículas reaccionan de una manera, pero si estás de buen humor y piensas de una manera positiva, encontrarás que puedes hacer que las partículas reaccionen de una manera diferente; piensa en lo que significa todo esto. Tienes el poder de dictar cómo van a reaccionar las partículas, incluso si no estás en el laboratorio tratando de ver cómo funcionan, no necesitas grandes laboratorios, herramientas sofisticadas o mucho tiempo para practicar cómo van a reaccionar las partículas, al contrario, puedes aprender a usar tu energía, pensamientos positivos y perspectiva de la vida para cambiar la forma en que se comportan las partículas en tu vida, puedes traer mucho más de las cosas buenas que deseas y en la misma línea, también puedes ser la razón de las cosas malas que estén sucediendo en tu vida. Por ejemplo, si tienes problemas económicos, no puedes conservar tu trabajo o tienes problemas con las relaciones, puede ser la forma en que estás reaccionando con las partículas que te rodean y si te estás enfocando demasiado en estas cosas negativas, siempre de mal humor, o tienes otros problemas que te impiden ser feliz y optimista, esta energía emana de ti y afecta cómo se medirán las partículas y reaccionarán ante ti; estas pueden darse la vuelta y traerte más negatividad basada en las energías que estás enviando al universo, pero afortunadamente, puedes marcar la diferencia en la forma en que todo esto funciona para ti; no estás con una racha de mala suerte, de momentos difíciles con un trabajo o cualquiera de los otros problemas que ya pueden estar plagando tu vida, solo necesitas cambiar la forma en que reaccionas a las cosas que te rodean y con un poco de pensamiento positivo, trabajo duro y buen humor la mayor parte del tiempo, reaccionarás con las partículas para obtener las cosas que deseas en tu vida.

Hay muchas cosas geniales que se pueden hacer con la física cuántica y hacer que las partículas reaccionen de ciertas maneras, como poder ganar más dinero, finalmente conseguir esas grandes relaciones que quieres, poder disfrutar de la vida y tener más éxito de lo que puedas imaginar, todo debido a la forma en que estás reaccionando con las partículas que están a tu alrededor.

Te mostraremos cómo puedes hacer que estas partículas reaccionen de la manera que deseas, ya sea que estés buscando darle un giro a tu mala suerte o que finalmente estés listo para salir de esa rutina en la que has estado durante tanto tiempo, definitivamente puedes usar la física cuántica como una ayuda. ¡Quién hubiera pensado que la física realmente podría ayudarte con tu vida!

Capítulo 3: Comprender las afirmaciones

Nos hemos tomado un poco de tiempo para hablar de los conceptos básicos de la física cuántica, e incluso de cómo se relaciona con tu vida diaria; tus pensamientos y actitud tienen mucho que ver con lo que va a suceder en tu vida porque cuando eres negativo o te enfocas solo en las cosas malas que están sucediendo en tu vida, estás causando que las partículas a tu alrededor se vuelvan negativas y vas estas mismas cosas malas van a seguir sucediendo en tu vida, es un círculo vicioso que puede ser casi imposible de arreglar, pero tú tienes el poder de cambiar tu perspectiva sobre las cosas y cambiar la forma en que reaccionan las partículas.

Así que, básicamente, cuando estés listo para hacerte cargo de tu vida y realmente obtener las mejores cosas, como riqueza, éxito y las buenas relaciones, todo se trata de cómo trabajas con estas partículas y sí, puede haber algunas cosas que son negativas en tu vida, pero eso no significa que necesites enfocarte en ellas, ya que la mejor cosa que puedes hacer es concentrarse en las cosas buenas que ya están en tu vida, o incluso en las cosas que te gustaría ver en tu vida; tienes que mantenerte positivo, y eso cambiará la forma en que las partículas están reaccionando en tu vida, y verás cómo estas cosas comienzan a aparecer en tu camino.

Mantenerse decidido va a ser la parte más difícil, ya que cuando las cosas te depriman, automáticamente vas a querer pensar, "¿Por qué siempre me sucede esto a mí?", pero una mejor manera de reaccionar sería: "¡Bueno, al menos tengo a mi familia y un gran trabajo!" Tomará algún tiempo aclarar esto porque estamos tan acostumbrados a enfocarnos en las cosas negativas, pero con la práctica, descubrirás que es más fácil pensar de una manera positiva y mejorar la calidad de tu vida, y una de las formas en que puedes hacer esto es trabajar con las afirmaciones. Las afirmaciones son utilizadas en todo el mundo por personas que buscan fortalecer sus sistemas de creencias o incluso mejorar sus situaciones y tienen una alta tasa de éxito gracias a la capacidad de utilizar el diálogo interno de una manera positiva; esta positividad afectará tu mente subconscientemente y te permitirá adoptar tu nuevo sistema de creencias; en este caso, se trata de tener un estilo de vida más positivo.

La idea detrás de las afirmaciones es similar a la que encontrarás al usar la física cuántica para mejorar tu vida, ya que reconoce que tu mente subconsciente tiene una influencia directa en tus acciones y en la forma en que suceden las cosas a tu alrededor; si bien es difícil controlar la forma en que el subconsciente va a funcionar, hay formas en que puedes guiarlo e influenciarlo, y aquí es donde las afirmaciones van a entrar para ayudarte.

Puedes hacer afirmaciones tan simples o complicadas como necesites para empezar a tener pensamientos positivos y así, comenzar a tener un impacto positivo en tu vida. Las pequeñas declaraciones positivas que digas en tu cabeza o leas en voz alta tendrán un gran impacto y te sorprenderías de la gran diferencia que pueden hacer unos minutos de pensamientos positivos a través de afirmaciones en cómo reaccionas al mundo que te rodea; por supuesto, si necesitas pasar un poco más de tiempo para ayudar a que tu mente se aleje de los pensamientos negativos y en su lugar se enfoque en los positivos no hay ningún problema, es solo para demostrar que puedes conseguir todos los beneficios sin importar cuánto tiempo tengas que dedicarle cada día y con el tiempo, estas declaraciones positivas se van a manifestar en pensamientos positivos e incluso pueden cambiar la forma en que te percibes a ti mismo, puede tomar algún tiempo, pero pronto comenzarás a notar una versión nueva e incluso mejorada de ti. Tu mente consciente necesitará comenzar a darse cuenta de que hay muchos pensamientos negativos que pasan por su cabeza cada día y te sorprenderán las veces que te sientes escéptico sobre las cosas que te rodean en un día y cuando estés consciente de los pensamientos negativos, puedes reemplazarlos lentamente y comenzar a usar pensamientos que sean positivos y más inspiradores para alcanzar tus metas.

Las afirmaciones no son difíciles de comenzar a implementar dentro de tu horario y algunas de las cosas que debes recordar al comenzar con las afirmaciones incluyen:

- Todas tus afirmaciones deben estar en tiempo presente, también debes enfocarte en haber logrado lo que deseas y en lo que se siente al tener ese artículo o éxito en tu vida.
- La afirmación necesita llenarse de positividad, por lo tanto, debes dejar la negatividad a un lado o estarás influyendo a tus partículas de la manera equivocada; incluso si el objetivo parece poco realista, no dejes de seguir trabajando para alcanzarlo y debes tener una actitud optimista mientras haces la afirmación.
- Cada afirmación debe tener algún significado detrás de ella, por lo tanto, debes asegurarte de que la afirmación pueda resonar emocionalmente contigo para que puedas decirlo con algo de pasión y para eso, elige algo que realmente quieras, como relaciones saludables o éxito, y funcionará mejor; no te

preocupes; esto no es algo que tenga que ser demasiado complicado, e incluiremos algunos ejercicios que te ayudarán a conseguir el conocimiento necesario para que su afirmación brille, porque cuando añades los principios mencionados anteriormente y trabajas para hacer afirmaciones cada día, encontrarás que las cosas nuevas que entran en tu vida son mucho mejores de lo que la mayoría de la gente puede soñar; desde el momento en que empiezas, estás influyendo en cómo reacciona el universo contigo y te estás asegurando de que las partículas de la física cuántica funcionen para tu vida.

Comprender cómo funcionan las afirmaciones

El punto más importante detrás de las afirmaciones es que trabajan para reprogramar tu mente y cuando se hace de la manera correcta, tiene el poder de transformar muchas cosas en tu vida, ya que hace que las cosas imposibles parezcan posibles, mejora tu salud, tus relaciones florecen e incluso el éxito tocará tu puerta. La idea consiste en que el cerebro humano es similar a una computadora; con años tratando de no ser menos que el vecino y escuchar en los medios de comunicación que necesitamos más y más, se ha vuelto difícil darse cuenta de que lo que tenemos ya es muy importante y grandioso, entonces estamos acostumbrados a decirnos a nosotros mismos que no somos lo suficientemente ricos, lo suficientemente exitosos o lo suficientemente atractivos y estos pensamientos tienen enormes impactos negativos en nuestra vida, ya que estamos alimentando nuestras mentes con virus, troyanos y otras cosas dañinas y aún así esperamos alcanzar la cima al final de todo. ¿Tu computadora funciona bien cuando está infectada por un virus? No, y tu cerebro tampoco, pero para mejorar las cosas, necesitas anular el programa, los pensamientos negativos, y en su lugar, entrenarlos para que sean positivos; tienes que sumergirte en este nuevo concepto de pensamiento positivo y creer lo imposible mientras expulsas esos pensamientos negativos lo más rápido posible, y la forma de hacer esto es manteniéndote al día con tu afirmación, ya que por desgracia, no puedes hacer una afirmación de vez en cuando y luego preguntarte por qué no está funcionando de la manera que esperabas; es necesario pasar tiempo haciendo afirmaciones, al menos diez o quince minutos cada día, y hacerlo de manera consistente para expulsar esas vibraciones negativas y traer todas las grandes cosas que quieres de la vida.

Hay muchas cosas con las que puedes usar las afirmaciones para reprogramar la forma en que la mente funcionará y algunas de estas incluyen:

- Fortalecer tu visión
- Tener un cabello más saludable
- Tener el cuerpo ideal
- Perder peso
- Fortalecer tu mente
- Aprender a ser más comprensivo
- Atraer a tu alma gemela
- Hacer crecer un negocio
- Superar los problemas con la procrastinación
- Supera tus miedos
- Curar la enfermedad que está ralentizando su cuerpo

- Hacer más amigos
- Tener una mejor salud
- Ganar más dinero
- Comprar una casa nueva
- Ser más atractivo

Y la lista puede continuar. Si quieres hacer un cambio para mejor en tu vida, puedes usar las afirmaciones para ayudarte a lograrlo, solo debes creer que estas cosas pueden suceder y ser constantes con tus afirmaciones cada día, y verás los resultados que deseas. Ahora es necesario que veamos más sobre la forma que van a funcionar las afirmaciones en concreto y luego cómo van a vincularse a las partículas de las que hablamos en los capítulos anteriores.

Cuando estás pasando por algo en la vida, ya sea positivo o negativo, vas a tener algunas emociones que serán firmes, ya que si eres feliz, esto es algo que otros pueden sentir y notar cuando están a tu alrededor, sin embargo, lo mismo se puede decir de la ira y la tristeza; todas estas emociones pueden provenir de ti debido a tu energía personal. Esta energía personal va a enviar fuertes vibraciones alrededor del cuerpo, y estas vibraciones luego enviarán señales al mundo que te rodea, tal como lo hace un satélite con sus frecuencias; lo que envíes va a ser correspondido. Esas partículas que se encuentran en estados desconocidos van a reaccionar a esas vibraciones que envías, ya sean positivas o negativas, y enviarán de vuelta una correspondencia, por lo tanto, si estás enviando vibraciones negativas, estas partículas van a reaccionar de tal manera que te devolverá más cosas negativas, esta es la razón por la que algunas personas parecen estar en una rutina y simplemente no pueden cambiar las cosas, ya que más y más cosas negativas entran en sus vidas, sin embargo, la buena noticia es que cuando envías esas vibraciones positivas, las partículas a tu alrededor te devolverán las mismas cosas positivas, lo que puede mejorar significativamente tu vida; ambos son ciclos que muestran cuán poderosas pueden ser nuestras emociones y cuánto influyen en nuestras vidas, aunque por supuesto que habrá momentos en que ocurran cosas malas y no vas a poder usar esto para evitar todas las cosas negativas, sino que la forma en que reaccionas a los sucesos negativos en tu vida marcará una gran diferencia en los eventos futuros que te sucederán. Sí, perder a alguien que amas o tener problemas en el trabajo puede ser un problema, pero es por eso que debes enfocarte en las posibilidades que pueden ocurrir en el futuro; piensa en todas las cosas buenas que quieres que ocurran en el futuro y reflexiona sobre ese éxito empresarial, esa pérdida de peso, esa buena relación o cualquier otra cosa que quieras que suceda en el futuro que sea buena, estas te ayudarán a superar esos momentos difíciles y pueden ayudarte a salir de la rutina incluso antes de que comience. Las partículas van a responder a cualquier vibración que estés enviando, independientemente de tu situación actual; si te sientes deprimido o como si el día simplemente no estuviera yendo a tu manera, es hora de cambiar esa mentalidad en algo positivo, esto es algo que puedes hacer fácilmente con solo unos momentos para ti mismo, considera sentarse en silencio y decir simplemente: "¡Me siento genial!" Con solo decir esto vas a entrenar a la mente para comenzar a buscar momentos en tu pasado en los que te sentías genial y esto a menudo es suficiente para ayudarte a atravesar ese punto difícil sintiéndote mejor y enviando las vibraciones correctas.

Un ejercicio para probar

Hemos pasado mucho tiempo en este capítulo hablando de afirmaciones y de cómo pueden influir en las vibraciones que estás enviando al mundo, así que ahora nos tomaremos un poco de tiempo para hacer un ejercicio y de esta modo ayudarte a practicar afirmaciones y ver lo grandiosas que pueden ser.

Lo primero que tendrás que hacer para practicar afirmaciones es hacer una lista de las cosas que debes hacer y tener en el futuro, e incluso puedes incluir algunas de las cosas que quieres ser en el futuro también; la lista no tiene que ser extremadamente larga, pero piensa en las cosas que te gustaría tener en el futuro y escríbelas.

A medida que enumeres cada uno de estos elementos, presta atención a los sentimientos que surgen cuando escribes y puedes hacerlo justo al lado de los elementos de la lista; por lo general, puede que te llegues a sentir mal porque lo que quieres está lejos aún.

Ahora, tómate un segundo e imagina que no hay obstáculos en tu vida, puedes hacer lo que quieras y lograr cualquier objetivo que quieras porque todas las barreras se han ido, ¿cómo se siente? Probablemente te sientas bastante bien cuando te imaginas a ti mismo alcanzando esas metas.

Repasa la lista de nuevo para que puedas poner los nuevos sentimientos en cada una de las metas; pueden parecer imposibles en ese momento, pero no te preocupes por eso y solo enfócate en los buenos sentimientos, los que tienes cuando imaginas que todo es posible, mientras terminas la lista y cuando haces la afirmación real en el futuro. Esta se va a convertir en tu guía cuando estés creando afirmaciones y puedes sacar esta lista cuando sea tu hora del día para hacer una afirmación, o necesitas recuperarte mentalmente de algunos golpes duros que la vida te lanzó. Recuerda los buenos sentimientos que tuviste cuando pensaste en todas las cosas que podías hacer cuando te deshiciste de todos esos obstáculos; puede parecer una tontería, pero solo debes recordarte a ti mismo los sentimientos positivos, así como recordarte a ti mismo las metas que quieres lograr en la vida, puede ayudar a cambiar tus vibraciones negativas en buenas, y eso podría marcar la diferencia por completo.

Las afirmaciones pueden marcar la diferencia para que tus vibraciones negativas pasen a ser positivas, porque cuando estás enviando una vibración a las partículas que te rodean, ¿no sería mejor tener de regreso las vibraciones positivas de salud, suerte y felicidad en lugar de vibraciones negativas que pueden hacer la vida más difícil?

Capítulo 4: Crear de una afirmación poderosa

En este punto, hemos discutido un poco más sobre la creación de afirmaciones y por qué son tan importantes, hemos aprendido que las emociones que tenemos durante nuestras vidas son poderosas y pueden enviar energía al universo en función de los sentimientos que estamos teniendo; esta energía puede encontrarse con las partículas que se discuten en la física cuántica y que no tienen estado, pero una vez que se comunican con las partículas, van a enviarte energía similar de vuelta.

Esta es la razón por la que, cuando puedes enviar la energía positiva, al ser feliz con las cosas que ya están en tu vida o mirar hacia adelante con positividad a las cosas que quieres en tu futuro, vas a conseguir que más de esa energía positiva regrese hacia ti; por otro lado, lo mismo se puede decir de las emociones negativas también, así que si estás lidiando con muchas cosas negativas en su vida y no puedes tomar un descanso, puede ser el momento de darle una mirada a la energía que estás enviando al mundo.

Crear la afirmación correcta para ti

Ahora es el momento de dar un vistazo al proceso de creación de afirmaciones en tu vida y tienes que hacerlo de la manera correcta para asegurarte de que tu subconsciente está siendo reprogramado y saber que ahora estás enviando positividad. Las palabras que dices no son la única parte importante; también necesitas concentrarte en la forma en que dices las palabras, piensa en esto de la siguiente manera: es posible que escuches a alguien decir algo, pero si no hay sentimiento detrás de esto, y suena como si estuviera siendo obligado a decir las palabras, ¿qué probabilidades tienes de creerlas? Pero si esa misma persona llegara con mucha convicción y estuviera lista para dar el salto y hacer las cosas, probablemente serías capaz de sentir la energía positiva que viene de ellos y llegar a creer que van a tener éxito. Es necesario hacer lo mismo cuando estás trabajando en tus afirmaciones; es necesario tener convicción, las palabras correctas y una perspectiva positiva que vaya con todo. Echemos un vistazo a algunas de las cosas que debes agregar cuando estés tratando de crear las afirmaciones correctas; lo primero que debes hacer es expresar la afirmación de la forma más positiva y asegúrate de que sean focalizadas, simples, cortas y sanas. Hacer esto durante una hora con la afirmación no tendrá el mismo impacto, luego comenzarás a aburrirte y a enviar la energía equivocada; mejor ve al grano y haz que sea dinámico con la esperanza de desencadenar sentimientos explosivos en tu mente.

Tomemos el ejemplo de alguien que está tratando de dejar de fumar. Algunos cometerán el error de decir algo como "ya no fumo más, "no necesito un cigarrillo", o "los cigarrillos no son saludables". Esto no es efectivo porque no está eliminando el deseo de fumar en absoluto, ya que está repitiendo la palabra cigarrillo varias veces en la afirmación y eso causa problemas porque la mente va a seguir escuchando la palabra "cigarrillo" en lugar de todas las otras palabras, y pronto serán el foco de tu afirmación, yendo en contra del objetivo en cuestión, por eso, en lugar de enfocarte en los cigarrillos, debes enfocarte en lo que significaría dejar de fumar, como por ejemplo, puede significar que te sentirás más saludable, que podrás ganar libertad y que te sentirás mejor; tus afirmaciones deben incluir estos aspectos para mantener tu mente en lo positivo, en lugar de en lo negativo. Una buena afirmación que podría usar sería: "me siento saludable y con energía y estoy mucho más feliz con las decisiones más saludables que estoy tomando."

La afirmación también necesita tener algo de sentimiento porque si eres neutral con los sentimientos que provienen de la afirmación, lo estarás haciendo un poco mejor que la energía negativa, pero te vas a seguir perdiendo todas las grandes cosas que puedes conseguir con la energía positiva. Piensa en cosas que puedes decir para crear un sentimiento poderoso que sea positivo; el ser fantasioso y alegre son excelentes formas de hacer esto, ya que pueden ayudarte a poner en marcha esas emociones y hacer que tu mente se sienta emocionada con todo ese flujo dinámico, también es muy fácil para la mente aferrarse a los sentimientos muy emocionales, lo que hace que sea más fácil que estos sentimientos sigan siendo positivos y una buena manera de hacer esto es usar las afirmaciones a diario, pero aún así tendrás que elaborar las afirmaciones de la manera correcta, porque la idea es crear una afirmación que te ayude a manifestar estos cambios que deseas. El problema a menudo surge cuando las personas confunden afirmaciones con otras opciones, como murales y tarjetas de sueños; si bien estas son excelentes maneras de hacer las declaraciones positivas que necesitas, no deben considerarse parte de la afirmación, ya que para que la afirmación funcione correctamente, necesitas entender que para manifestar algo con tu nueva energía, necesitarás encontrar una manera de convertirte en lo que quieres y hasta que no seas esa persona, esa conversión no durará mucho tiempo. Las afirmaciones no son siempre acerca de las cosas que quieres; son más acerca de quién quieres llegar a ser.

Aquí hay un pequeño ejemplo de cómo esto funcionaría en términos de pérdida de peso, puesto que muchas personas quieren perder peso, pero simplemente no están seguras de cómo hacerlo, aunque es posible que hayan probado innumerables dietas y programas de ejercicio en vano. Puedes usar las afirmaciones como una ayuda para este tema, siempre y cuando lo hagas de la manera adecuada, por eso, en lugar de enfocarte en la dieta, necesitas convertirte en una persona que ya ha perdido peso y piensa en los pensamientos que tendrá esta persona cuando haya perdido el peso como, por ejemplo, ¿qué creencias tienen? o ¿qué medidas toman? Alguien que ya ha perdido peso va a tener un tipo diferente de creencias y pasará por varios pasos cuando se trate de comer y la comida en comparación con alguien que todavía está luchando para que esto suceda, por esto, cuando empiezas a pensar como una persona que ya ha perdido peso, puedes atraer fácilmente la energía que necesitas mientras aprendes los trucos que te ayudarán a quitar ese peso difícil de encima.

Crear tu riqueza o comenzar un nuevo negocio va a funcionar de una manera similar; si quieres hacerte rico, necesitas convertirte en alguien que ya haya ganado riqueza y alguien que es rico tiene un tipo particular de pensamientos sobre la inversión, la deuda y el dinero en comparación contigo que puedes estar luchando por sobrevivir. Tienen ciertos hábitos y rasgos que deberías empezar a copiar si quieres ganar más riqueza, por eso, debes anotar algunos de los rasgos y hábitos que crees que estas personas tienen, por lo tanto, es necesario que los recuerdes y comiences a traerlos a tu vida. Te darás cuenta que con las acciones positivas correctas y la buena energía que comienzas a sentir con estos cambios en la percepción también podrás comenzar a tener algo de esa gran riqueza con la que has estado soñando.

Lo básico que debes saber sobre la creación de tus afirmaciones es que tiene que ser sinceras; necesitas decirlas en serio, igual que cuando manifiestas las emociones al decir la afirmación, tienes que enfocarte en lo que te convertirás en el futuro cuando alcances la meta en lugar de enfocarte en todas las cosas que te estás perdiendo ahora y cuando estos dos elementos juntos estén dentro de tus afirmaciones, encontrarás que es más fácil que nunca enviar la energía correcta y hacer que la física cuántica funcione para ti.

Afirmaciones para ayudar a reprogramarte

Las afirmaciones fuertes y poderosas son una de las mejores herramientas que puedes usar para hacer cambios en tu vida mientras reprogramas tu mente subconsciente; esto te ayudará a crear nuevos hábitos, acciones y pensamientos que pueden ser más positivos y enviarán la buena energía que deseas.

Hay algunas pautas que debes seguir si estás buscando reprogramar la forma en que funciona tu mente y lo primero que debes considerar es comenzar tu afirmación usando las palabras: "yo soy". Estas son algunas de las palabras más poderosas de nuestro idioma, y la mente tiene una forma de interpretarlas como una orden directa para hacer que algo suceda, no importa si la declaración no es verdadera; la mente comenzará a trabajar para hacerlo realidad. También debes decir la afirmación en tiempo presente, debes hacer que la afirmación sea poderosa describiendo la cosa que tienes de una manera que le diga a la mente que ya la tienes; también, debes decir la afirmación de forma positiva y nunca digas en la afirmación lo que no quieres, porque asumirá que lo que estás diciendo es lo que quieres; solo di las cosas que quieres que sucedan e ignora el resto. Por ejemplo, si dices: "Ya no estoy enojado", tu mente solo va a escuchar: "Estoy enojado".

Otra cosa que discutimos anteriormente que debes tener en cuenta es que la afirmación debe ser corta y precisa; debes hacerlo parecido a un eslogan publicitario en el sentido de que sea fácil de recordar para que puedas repetirlo cuando sea necesario, aunque también debes incluir algunos detalles en la afirmación para hacerla más poderosa. Por ejemplo, en lugar de decir simplemente que estás conduciendo un automóvil, puedes decir qué tipo de automóvil estás conduciendo. Las palabras de acción o verbos pueden ayudarte con la afirmación porque añadirán un poco más de poder, así que asegúrate de introducir esas palabras en la afirmación tanto como puedas. El sentimiento y las palabras dinámicas también pueden marcar una gran diferencia porque te ayudarán a influir en tus emociones. "Con amor", "con felicidad" y "disfrutar" son palabras que se consideran dinámicas porque pueden hacer surgir ciertas emociones en la mente, incluso si no son ciertas en ese momento.

Una última cosa que hacer antes de terminar tu afirmación es agregar "¡esto o algo mejor!" al final, ya que esto ayuda a evitar limitar lo que su energía puede enviar y cuando hayas terminado de decir tu afirmación corta, asegúrate de decir algo como, "¡Esto o algo mejor ahora es real para mí!" Ahora puedes deshacerte de algunas de las limitaciones, abrir tu mente a más beneficios, y la energía positiva que va a salir de ti y que será enviada a las partículas va a ser increíble.

Algunas de las afirmaciones que tienen el poder que quieres para que puedas reprogramar algunas de tus creencias incluyen:

- ¡Cada día soy mejor!
- Soy un ser creativo y poderoso
- Todo está programado para entrar en mi vida en el momento perfecto
- Todo lo que quiero viene a mí sin esfuerzo, con gran alegría y rápidamente
- Soy exitoso y feliz
- Siento una conexión con la fuente que me guía a mi mejor destino en la vida
- Soy un centro de creatividad y poder

Debes tener en cuenta que, si bien las afirmaciones son poderosas, toman algo de tiempo; la sociedad moderna en la que vivimos ha hecho que sea tan fácil dejar que las emociones y la energía negativas entren que esto se vuelve una competencia difícil para las afirmaciones. Recuerda que estás tratando de reprogramar tu mente y que esto no es algo que va a suceder de la noche a la mañana, pero con un poco de perseverancia y trabajo duro, te darás cuenta que las afirmaciones te darán las herramientas para salir de ese lugar y ver una diferencia.

Capítulo 5: Reprogramación para tener riqueza y éxito

Uno de los deseos más fuertes que muchas personas tienen es obtener riqueza y éxito, tal vez estén cansados de trabajar siempre duro y nunca ver ningún resultado, todavía viven de cheque en cheque, con la esperanza de salir adelante algún día o pueden ver cómo otras personas se están volviendo ricas y desean tener ese tipo de estilo de vida también. Si bien todos deseamos ser ricos, o al menos tener suficiente dinero para vivir cómodamente, esto no es una realidad para un buen número de personas solo porque no están dando los pasos correctos y las afirmaciones pueden ser una herramienta efectiva para atraer más riqueza y éxito a tu vida, y si las usas de la manera correcta, podrán hacer cambios de adentro hacia afuera para que puedas atraer la riqueza que deseas para tu vida.

Si estás buscando usar las afirmaciones para lograr más prosperidad en tu vida, aquí hay algunas técnicas que puedes probar, así como algunas de las cosas que debes evitar para que no generes el tipo incorrecto de energía en este proceso.

Primero, recuerda que las afirmaciones son declaraciones de tu intención y se van a usar para describir la realidad que quieres en lugar de la realidad en la que estás viviendo ahora, por eso es necesario que las afirmaciones estén en tiempo presente, pero te estarás diciendo a ti mismo que puedes traer rápidamente el dinero que quieres, y luego esa energía te será enviada de vuelta. Por ejemplo, si deseas comenzar a ganar un salario decente, puedes usar una afirmación como, "gano fácilmente (aquí inserta tu salario deseado) o más en ingresos mensuales"; esto es corto, genial y al grano, pero durante tu sesión de afirmaciones, repetirás esta declaración una y otra vez con convicción. Algunas personas pueden haber estado intrigadas por la idea de hacer afirmaciones en el pasado, lo intentaron y sintieron que no funcionaban para ellos, por eso, es necesario tener en cuenta que simplemente afirmar algo una y otra vez no va a ser suficiente para que esto funcione porque tienes que decirlo con poder y en serio, y una forma de enfocarse en las frases y hacer que funcionen para ti es intentar hacer una imagen mental de las declaraciones. Por ejemplo, si estás tratando de ganar más riqueza, imagina un escenario en tu cabeza donde seas rico; ¿cómo te sentirás cuando ya no tengas que preocuparte por las facturas?, ¿cómo te sentirás cuando puedas comprar las cosas que necesitas y deseas sin sentirte preocupado? Mientras vas diciendo tu declaración, enfócate en estas escenas con una intención feroz, y te sorprenderás de lo mucho más poderosas que pueden ser tus afirmaciones.

En este punto probablemente te estés preguntando qué afirmaciones puedes decir para atraer más riqueza a tu vida, también hay innumerables libros y recursos en línea que puedes usar, los que te entregan diferentes fórmulas para hacer afirmaciones; eres es más que bienvenido a usar estos libros y recursos, así como algunas sugerencias que publicaremos a continuación, pero debes asegurarte de que resuene contigo. Es difícil poner la intención y el sentimiento detrás de una afirmación si solo eliges una al azar de la página, por eso, debes decir una que recurra a tus sentimientos y emociones, y con la que conectes, y la afirmación será mucho mejor. El uso de las afirmaciones en este libro es una buena manera de comenzar para que conozcas la redacción adecuada, pero para debes modificarlas de tal modo que funcionen para ti; algunas de las afirmaciones que puedes usar para reprogramar tu mente y obtener más riqueza incluyen:

- Atraigo oportunidades financieras
- Gano y gasto mi dinero de una manera sabia
- Es mi derecho tener riqueza
- Me resulta fácil ganar dinero

Estos son buenos puntos de partida para ayudarte a poner en marcha tus afirmaciones, pero siempre debe adaptarlas para satisfacer tus necesidades; si una de estas se siente incómoda para ti o simplemente no se conecta con tus emociones, simplemente deshazte de ella y prueba algo nuevo. Se supone que estas afirmaciones deben resonar contigo, para hacerte sentir algo, y siempre puedes mezclar y combinar declaraciones para hacerlas tuyas.

Ejercicio

Ahora que entiendes los conceptos básicos de usar afirmaciones para atraer riqueza hacia ti y los beneficios de tener una buena amistad con el dinero e imaginarte a ti mismo como rico, es hora de probar algunos ejercicios para darte algo de práctica; una vez que hayas terminado con esta práctica, podrás usar las afirmaciones a diario para traer el dinero que deseas.

Para comenzar este ejercicio, ve a una habitación donde puedas estar solo, al menos durante unos minutos; lo ideal es que repitas estas líneas durante unos quince minutos, pero si tienes poco tiempo, puedes estar solo por unos minutos, lo que también funcionará y cuando estés listo para comenzar, repite estas afirmaciones:

- AHORA libero toda mi resistencia al flujo de abundancia, bienestar y riqueza
- Ahora RECIBO el flujo de bienestar, abundancia y riqueza en mi vida.
- Me siento AGRADECIDO por este flujo de abundancia, riqueza y bienestar.

Estas, junto con las otras grandes energías positivas que envían al mundo, harán una gran diferencia en la cantidad de riqueza y abundancia que puedes atraer; es una buena idea considerar hacer esto un par de veces al día, tal vez por la mañana y por la noche, para asegurarte de que estás enviando estas buenas energías tan a menudo como sea posible, ya que como puedes ver, el proceso de afirmaciones no tiene que ser difícil, y te van a encantar los resultados que obtienes simplemente cambiando tu energía y enviando las vibraciones positivas, como las anteriores, durante unos minutos cada día.

Capítulo 6: Reprogramación para relaciones saludables

Todo el mundo quiere tener relaciones saludables, quieren tener amigos con los que puedan salir cuando se sientan deprimidos o cuando necesitan salir por la noche, quieren tener una buena relación con los miembros de su familia, tanto con sus padres como con sus hijos, para continuar con las tradiciones y tener un sentido de pertenencia, quieren tener una buena relación, o encontrar una buena relación, con alguien que pueda ser su alma gemela; si bien todas estas relaciones son importantes, el mundo moderno ha hecho que sea difícil mantener o incluso encontrar estas relaciones, ya que a menudo estamos ocupados tratando de hacer las cosas siempre en el trabajo o tratando de llegar a fin de mes. A veces no hay suficientes horas en el día para realizar estas tareas y mantener estas relaciones saludables, especialmente cuando todos los demás están tan ocupados; además, encontrar buenos amigos con tus mejores intereses de corazón o encontrar un alma gemela puede parecer intimidante y casi imposible. Es importante tener estas relaciones, y si tienes dificultades en una o más áreas de tus relaciones personales, hay pasos que puede tomar con la ayuda de las afirmaciones para ayudarte a finalmente conseguir y mantener estas relaciones para tu salud.

Lo primero que tendrás que hacer en este caso es establecer tus metas y preguntarte: ¿existe algún problema en términos de una situación actual?, ¿tú y tu pareja están siempre están peleando?, ¿esperas hacer nuevos amigos porque acabas de mudarte a una nueva zona?, ¿esperas encontrar finalmente a alguien con quien puedas compartir tu tiempo porque estás cansado de todas las otras personas a las que les has dado una oportunidad y han fallado?

Puedes tener cualquier objetivo que quieras, pero asegúrate de que sea positivo y que sea algo que quieras; no enviarás las energías correctas si solo estás haciendo esto porque crees que necesitas compañía por haber alcanzado cierta edad, en lugar de hacerlo porque lo deseas. Piensa en algo que te gustaría cambiar sobre tus relaciones, sin importar qué tipo de relación te gustaría forjar, y luego usa esto como la base de tus afirmaciones. Un buen ejemplo de esto es cuando tu y tu pareja pueden estar peleando; tal vez han hecho terapia o han trabajado juntos y se han dado cuenta de que no se están prestando suficiente atención el uno al otro o de que no se están comunicando adecuadamente, pero una buena afirmación que puedes usar es algo como: "presto atención a mi pareja para entender sus sentimientos".

Se necesita un poco de trabajo para reprogramar el cerebro y comenzar a hacer esto, pero el uso de este tipo de afirmación hará que el subconsciente acepte más cambiar su comportamiento, por eso, cuando se te ocurra una afirmación, debes mantenerla positiva. Puedes pensar que estás haciendo algo bueno al usar una declaración como: "no culpo a mi cónyuge cada vez que algo sale mal", pero tienes algunas palabras negativas dentro que aún podrían enojarte y enviar los tipos incorrectos de energía al universo. Es tan malo tener energía negativa a tu alrededor. De hecho, el uso de la negatividad en tu vida, como quejarte de un problema en tu relación, puede hacer que sea más probable que los problemas se intensifiquen y para el ejemplo anterior, en lugar de usar estas palabras hirientes y traer de vuelta más de esa energía negativa, es mejor decir algo como: "siempre trato de encontrar soluciones a cualquier problema que surja." Esta es una forma mucho más positiva de ver las cosas, y concluirás que agrega más energía positiva a tu vida.

La idea de la percepción inocente

Hay muchas veces en que estamos en una relación y poco a poco nos empiezan a molestar cosas de la otra persona, es posible que no nos guste la forma en que mastican su comida o la forma en que no ayudan en la casa tanto como creemos que deberían y lo malo de esto es que nos detenemos a pensar en lo negativo de nuestra relación en lugar de centrarnos en algo de lo bueno que solíamos disfrutar; estamos agregando más problemas a esa relación. Estamos formando nuestra percepción de la otra persona, y cuanto más tiempo nos aferramos a estos pensamientos negativos, peor será la relación; una idea única que puedes encontrar cuando forjas en una relación es el concepto de percepción inocente y la mejor manera de pensar en esto es comparar las diferencias entre una relación con una pareja que es nueva y esa misma relación unos meses o más en el futuro.

La primera vez que entablas una nueva relación con alguien, lo miras con lentes de color rosa y es posible que veas algunos defectos en ellos, pero estás tan enamorado de la nueva relación y emocionado de ver a dónde va que puedes aceptar algunos de estos defectos e ignorar el resto; esta parte de la relación funciona bien, ya que ambos están enviando mucha energía positiva al universo y no hay peleas, solo mucha diversión, pero con el tiempo, las cosas empiezan a cambiar porque pasan más tiempo juntos, o tal vez incluso se van a vivir juntos y empiezas a notar más algunos de los defectos de la otra persona que empiezan a molestarte; estos defectos son los mismos que existían al principio de la relación, pero por alguna razón, son más importantes, y ambos comienzan a pelear más debido a esto y cuanto más dificultades haya o te sientas molesto o molesta porque estos defectos te están irritando dará como efecto que salga más energía negativa y probablemente terminarás tarde o temprano. Ahora ¿esos defectos eran tan importantes? Sí, eran un poco molestos, pero ¿valían la pena como para terminar peleando?, ¿tan mala era tu pareja? Lo más probable es que fueran pequeñas cosas, pero empezaste a enviar algo de energía negativa al mundo y hacia estas pequeñas cosas, pero esa energía regresó y arruinó la relación.

La idea de la percepción inocente es que sigues mirando a tu pareja como lo hiciste al principio de la relación; esto no significa que ignores los defectos (todos los tienen y a veces te molestarán), sino que los veas sin culpar a tu pareja, porque al momento de culpar a alguien y estar molesto todo el tiempo, solo estarás causando daño a la relación; por supuesto, ambos pueden hablar de los pequeños hábitos que le molestan del otro, pero estas molestias no deben apoderarse de toda la relación, de hecho, debes asumirlos como parte de la persona que amas como parte de la relación, para traer esa buena energía y mantener la relación. La percepción inocente no se trata de ignorar lo que está pasando, sino de darse cuenta de que estas molestias y malos hábitos son solo una parte de la relación; cada relación los tendrá, y si amas a la otra persona, encontrarás que la percepción inocente puede ayudarte a enfocarte en las mejores partes de la relación en lugar de las partes malas.

Afirmaciones que puedes probar

Ignorar los malos hábitos que tiene tu pareja u otras cosas malas con las que lidias dentro de tus amistades puede ser difícil porque queremos que todo siempre sea perfecto frente a nuestros ojos, pero esto simplemente no es la realidad y enfocarse en esto puede arruinar muchas buenas relaciones.

Si estás buscando una manera de mejorar tus relaciones, ya sea con tu pareja o con amigos, aquí hay algunas afirmaciones que puedes probar y que harán una gran diferencia:

- Permito que aquellos que una vez vi como objetores sean ahora mis partidarios
- Todos los que conozco tienen un mensaje para mí
- A medida que cambio la forma en que percibo las relaciones, mi vida se siente más completa.
- Dedico de buena gana mi energía a dar a los demás, de acuerdo con lo que quiero recibir de ellos.
- Mis pensamientos son coherentes respecto a lo que quiero de una relación.
- Uso la percepción inocente con todos los que conozco.
- Ya no necesito el drama de otros en mi vida. Me siento en paz y decidido a vivir en la realidad.
- Inspiro a todos los que se cruzan en mi camino.
- Honro y respeto las decisiones de los demás.
- Encaro las nuevas relaciones con grandes expectativas y apertura.

- Cuando veo a alguien, lo saludo con la mayor alegría posible.
- Me rodeo de aquellos que me apoyan completamente.
- Al usar la percepción inocente, las acciones de otros no me amenazarán.
- Tengo un interés real en otras personas que conozco.

Ejercicios

Hay muchas cosas que puedes hacer con tus afirmaciones, así como en tu vida diaria, que te ayudarán a mejorar tus relaciones. Primero, necesitas aprender a enfocarte en las partes buenas de la relación; sí, habrá cosas que te molestarán, pero por ahora, ignóralas y concéntrate en las cosas de la relación que te hacen feliz. ¿Hay algo en la otra persona que te haga feliz?, ¿qué te gusta hacer con esa otra persona? Pasa una semana enfocándote solo en estas cosas buenas, e ignorando las pequeñas cosas que pueden molestarte, y te sorprenderás de los cambios que ves.

A continuación, recuerda felicitar a la otra persona en la relación y esto es especialmente importante cuando pueden estar haciendo algo que te está molestando. Por ejemplo, si tu pareja te está molestando o tiene pereza, tómate el tiempo para apreciar todo lo que hace por ti y dale un cumplido por todo el trabajo duro; esto puede ser un pequeño cambio agradable a la rutina y no solo puede hacer que se sientan bien, sino que traerá más energía positiva a la relación.

Si eres alguien que está interesado en escribir las cosas, el siguiente paso es para ti; una buena manera de afirmar sus relaciones es sentarse y escribir la relación ideal: ¿qué es lo que más te gustaría que pasara en la relación para mejorarla? Anota todo lo que deseas al principio, pero después tendrás que replantearlos para que se conviertan en una afirmación positiva y luego podrás usar estos escritos como parte de sus afirmaciones para tener una relación. Por ejemplo, si quieres una relación que sea divertida y llena de amor, puedes considerar decir una afirmación como esta: "Gracias por mi relación llena de amor, cariñosa, emocionante y empoderadora". Esto ayuda a mostrar que estás agradecido o agradecida por las cosas que tienes y te ayuda a concentrarte en lo bueno que ya está ahí, mientras le dices al universo, o a esas partículas, que estás buscando algo más de positividad a cambio.

A menudo, el mayor problema con nuestras relaciones es cómo las percibimos, ya que entramos en una nueva relación emocionados y con la capacidad de ignorar los aspectos negativos o las cosas que pueden molestarnos; pero algo sucede con el tiempo y esas pequeñas cosas negativas comienzan a apoderarse de toda la relación, sin embargo, cuando aprendas a utilizar la percepción inocente para concentrarte en las cosas por las que te sientes contento en la relación y comienzas a utilizar las afirmaciones para lograr vivir la mejor parte de la relación, no podrás creer los resultados que tendrás.

Capítulo 7: Mejor gestión del tiempo mediante la reprogramación

La gestión del tiempo es algo que a la mayoría de nosotros nos falta, ya que perdemos mucho tiempo en el día navegando en internet, buscando cosas que perdimos, revisando correos electrónicos y mucho más, y esto a menudo nos lleva a quedarnos atrás en otros aspectos de nuestras vidas, como pasar tiempo con amigos y familiares, porque tenemos que trabajar hasta tarde y hasta el fin de semana para estar al tanto de nuestro negocio, sin embargo, la gestión del tiempo puede hacer que todo esto sea diferente; es una forma más eficiente de hacer el trabajo, te permite mantenerte enfocado durante el tiempo que necesites hacer el trabajo, organizarte para que todos tus artículos estén en un solo lugar todo el tiempo y evitar el tiempo innecesario con otros que retrasarán tu progreso. Hay muchas cosas que puedes hacer cuando estés listo para agregar el buen manejo del tiempo a tu vida, pero necesitas estar dispuesto a trabajarlas y si puedes hacer esto, te sorprenderás de lo rápido que puedes hacer el trabajo, sin importar cuánto sea. Hay un montón de consejos y trucos que puedes seguir para trabajar en tu gestión del tiempo; nos vamos a enfocar en cómo las afirmaciones y tu energía personal podrán trabajar juntas para ayudarte a cuidar adecuadamente tu tiempo para tener la certeza de que estás haciendo de todo sin toda esa tensión.

Lograr que la gestión del tiempo sea parte de tu vida

Si eres como la mayoría de las personas que sienten que siempre están corriendo solo para estar a la altura y siendo un completo desastre durante el proceso, es hora de comenzar a gestionar un poco para hacer las cosas. La mayoría de las personas se estresan mucho por su falta de tiempo y se autocompadecen por todas las cosas que se están perdiendo cuando intentan ponerse al día con el trabajo, y con el tiempo, este estrés va a hacer que te quedes más atrás e incluso puede causar problemas de salud, todo debido a las energías negativas con las que estás lidiando, por eso, las afirmaciones son una excelente manera de reducir parte de ese estrés que sientes para que puedas concentrarte en tu trabajo y lograr hacer las cosas. Esto te ayudará con tu energía positiva de dos maneras: Primero, contribuirá a reducir el estrés porque el estrés envía grandes cantidades de energía negativa al universo y si puedes reducir tu estrés, puedes trabajar en la energía positiva. En segundo lugar, si puedes hacer tu trabajo a tiempo y tener algo de tiempo libre para pasar con tu familia y amigos, te sentirás relajado y divertido, lo que puede enviar toneladas de esa gran energía positiva.

Algunas de las afirmaciones que puedes probar y que ayudarán a enviar la energía positiva correcta sobre la gestión del tiempo incluyen: "¡Cuando me enfoco en hacer mi trabajo, este se hace más rápido!" y "La gestión del tiempo me permite disfrutar de la vida, no solo trabajar todo el tiempo."

Estas afirmaciones te ayudan a entender que el manejo del tiempo es esencial en todos los aspectos de tu vida, ya sea que estés trabajando, tratando de limpiar la casa, trabajando en cosas de la escuela o haciendo algo más durante el día. Todo el mundo está ocupado, no importa lo que hagan para ganarse la vida, incluso aquellos que se quedan en casa con los niños, y es bueno usar este tipo de afirmaciones para ayudar a hacer el trabajo con el apoyo de la energía positiva.

Aprender a priorizar

A veces, el problema que surge con la administración del tiempo es que no puedes priorizar y puedes pasar una hora buscando en Facebook y poniéndote al día con tus amigos o lo primero que decides hacer en la mañana es mirar muchos correos electrónicos no deseados, incluso puedes trabajar en un proyecto que no tomará mucho tiempo, o que no debes entregar hasta dentro de unas semanas, en lugar de trabajar en uno grande que debes entregar una semana; todos somos culpables de aquello. Perdemos el tiempo trabajando en algo que es pequeño o que podría esperar hasta más tarde, y luego nos sorprendemos cuando se nos acaba el tiempo y tenemos que luchar para hacer las cosas; esto te causa más estrés y envías más energía negativa al mundo, y también podrías encontrar algunos problemas en el proceso, pero aprender a priorizar puede hacer las cosas más fáciles y tendrás la seguridad de que todo se haga oportunamente sin perder el tiempo y sin toda la tensión. Algunas de las formas en que puedes priorizar tu vida para que puedas hacer estas cosas y mantener la energía positiva incluyen:

- Haz primero las tareas importantes: estos pueden ser los trabajos grandes o los que deben realizarse primero, pero enfócate en ellos de inmediato, porque es tentador trabajar en esos proyectos más pequeños, pero si pierdes tanto tiempo en ellos, reducirás el tiempo que se necesita para los proyectos más grandes y podrías estresarte más.

- Evita las redes sociales: si tienes trabajo que hacer, lo mejor es mantenerse lejos de las redes sociales, ya que son un gran desperdicio de tiempo, y a menos que esté trabajando específicamente en la página de Facebook de su empresa, es una pérdida de tiempo.
- Deja los correos electrónicos para más tarde; muchas personas se pondrán a trabajar y comenzarán a revisar sus correos electrónicos de inmediato. Esto puede parecer una solución maravillosa, pero la mayoría de esos correos electrónicos probablemente no necesiten una respuesta de inmediato, si es que la necesitan. ¿Por qué no sentarse y hacer un poco de trabajo primero y llegar a los correos electrónicos más tarde cuando estés al día y tengas algo de tiempo libre?
- Organízate; la organización es tu mejor amiga cuando intentas priorizar, ya que guardará la información que necesitas para que no pierdas el tiempo tratando de encontrar las cosas que necesitas e incluso puedes organizar las cosas para que puedas saltar de un proyecto a otro,

teniendo a mano todo lo que necesitas, sin tener que detenerte.

Menos pérdida

Si estás perdiendo el tiempo, no te está yendo bien con la gestión del tiempo; si quieres ser más productivo con el tiempo que tienes, es mejor que aprendas a evitar cualquier cosa que te haga perder el tiempo para que puedas dedicarlo a trabajar y lo primero que puedes hacer es deshacerse de, o al menos reducir, las cosas que directamente te harán perder el tiempo; esto significa que debes apagar el teléfono, cerrar los correos electrónicos y evitar ir a las redes sociales. Si vas a la sala de descanso o al comedor cada hora y terminas pasando veinte minutos hablando con la gente, debes reducir la frecuencia con la que sales de la oficina y cierra la puerta para que nadie más pueda molestarte si tienes que terminar de hacer tu trabajo.

El truco aquí es combinar todas las partes entre sí para reducir el tiempo que estás perdiendo y para asegurarte de que puedes mantener esas buenas relaciones y otras áreas de tu vida para mantener la buena energía que viene de ti. Si tienes problemas con la gestión del tiempo, es hora de incorporar algunas afirmaciones que pueden hacer que todo sea mejor y algunas de las mejores afirmaciones que puedes probar incluyen:

- Apreciaré cada momento.
- Sé que mi tiempo es muy valioso y me niego a desperdiciarlo.
- Haré valer mi tiempo.
- La procrastinación es una pérdida de tiempo. Mi vida es importante y no la desperdiciaré ni un poco.

Lo que mucha gente no se da cuenta es que tienen mucho tiempo en el día; tienen tiempo para hacer el trabajo, pasar tiempo con familiares y amigos e incluso para relajarse, pero cuando pasan tanto de su tiempo haciendo actividades derrochadoras, es casi imposible mantener ese ritmo; si trabajas duro para utilizar tu tiempo, te darás cuenta que los horarios son perfectos para hacer las cosas.

Ejercicios

Ahora que sabes por qué la gestión del tiempo es tan importante, tomemos un tiempo para ver una actividad simple que te ayudará a incorporar la gestión del tiempo en tu vida.

En esta actividad vamos a realizar una técnica de visualización que te permite encontrar el tiempo para tener tu día ideal; puedes elegir lo que quieras que suceda en tu día perfecto, pero esto te ayudará a visualizar el objetivo para que se convierta en una realidad para ti y estos son los pasos para comenzar:

- Durante aproximadamente un mes, asegúrate de agregar quince minutos a tu horario cada día, debes elegir un momento en el que no seas interrumpido durante al menos estos minutos y si estás ocupado o tienes que lidiar con niños pequeños, puedes dividir esto en tres segmentos de cinco minutos, lo que también está bien.
- Ahora siéntate y relájate durante el primero de los segmentos de cinco minutos, y pasa este

tiempo imaginando cómo sería tu día ideal; imagina lo que es despertarse, prepararse para el trabajo y moverse. ¿Qué haces a lo largo del día?, ¿cómo te sientes? Deja volar tu imaginación en este momento e imagina el sabor de las cosas, los olores, el tacto y más, recuerda que este es tu día ideal, por lo que todas las imágenes que tengas deben ser las que te traigan placer.

- Para el segundo segmento, regresa a este día ideal y simplemente elige las partes donde solo estás tú; las otras imágenes no carecen de importancia, pero si hay otras personas, es difícil dictar lo que sucederá en una situación, así que por ahora solo necesitamos las imágenes donde apareces solo tú. Enfócate en estas imágenes y en lo que puedes hacer para mejorarlas aún más, para lograr que tu día sea más placentero.
- De las imágenes que seleccionaste para el último paso, identifica una que puedas realmente duplicar hoy. Quizás es hora de que te des una ducha, o que vayas a trabajar, o

tener unos minutos para hacer ejercicio, leer un libro o hacer otra cosa que disfrutes. Lo mejor es elegir algo que realmente disfrutes, pero a menudo no te das un tiempo para hacerlo.

- Ahora toma ese segmento y añádelo a tu día buscando un tiempo que funcione mejor para ti y hazlo. Te sorprenderá lo divertido que puede ser esto y lo relajado que te sentirás si solo dispones de una pequeña porción de tiempo para hacer la actividad que te gusta.

Hay una serie de beneficios que conseguirás cuando hagas este ejercicio todos los días. En primer lugar, vas a trabajar en tus habilidades de visualización, las que pueden ayudar a reducir el estrés, promover la curación y mejorar tu creatividad, y ¿quién no quiere esas cosas en su vida? También estás tomando tiempo de tu día para aclarar cuáles son tus valores y qué te gustaría hacer con tu vida; cuanto más hagas esto, más fácil será aprender lo que te dará satisfacción cuando tomes una decisión y al hacer esto durante quince minutos cada día durante un mes, que en realidad no es mucho tiempo, estarás comenzando un patrón que se quedará contigo durante mucho tiempo; el mejor beneficio de esto es que estás demostrando que tienes poder. Cuando visualizas que algo bueno va a suceder en tu día y luego apartas ese tiempo para lograr el trabajo, estás tomando el control y ganando el poder; nada es mejor para tu vida y tu energía positiva que entregarte algunos placeres simples cada día y cuando se aprende a vivir el momento, una habilidad que se aprende con la visualización, vas a ser capaz de concentrarte en lo bueno que está pasando ahora, en lugar de lo malo que puede haber molestado antes.

Sí, al principio esto va a parecer un poco tonto; es posible que te preguntes si fantasear va a hacer tanto por ti con solo unos minutos cada día, pero la visualización no es fantasear; es enfocarte activamente en las cosas que deseas y luego salir y conseguirlas; puede parecer un poco extraño al principio, pero después de una semana más o menos, aprenderás la idea y no tardarás mucho en ver los resultados.

Capítulo 8: Mira cómo desaparece tu estrés y ansiedad

La ansiedad es un problema que afecta a muchas personas y aquellas personas que no la padecen dirán que lo usan como pretexto para irse de una fiesta o para evitar ser sociable, pero para aquellos que sufren de ansiedad, padecen un problema que los afecta todo el tiempo. Aquellos con ansiedad severa cambiarán su estilo de vida para evitar salir en público o prevenir ciertas circunstancias para que la ansiedad no se les escape y esta no es la manera de vivir la vida porque eres mucho más que eso y mereces vivir una vida libre de miedo y ansiedad. Esto no es para menospreciar a aquellos que están lidiando con la ansiedad, sino más bien una manera de hacerte saber que eres valioso y que vale la pena vivir la vida que deseas.

Deshacerse de la ansiedad es importante por varias razones: Primero, cuando estás lidiando con la ansiedad, estás enviando una gran cantidad de energía negativa que solo te será devuelta de inmediato, por eso, cada vez que pasas por un ataque de ansiedad, estás atrayendo más de esa energía, y es más probable que te afecte de nuevo, también estás evitando situaciones sociales y cualquier cosa que pueda desencadenar el próximo ataque; esto puede hacerte vivir con miedo, y es probable que siempre estés pensando en las cosas que te faltan y en el miedo, lo que solo te lleva a más problemas.

Afortunadamente, el uso de afirmaciones puede ayudar a limitar el efecto que la ansiedad tiene en tu vida y puede facilitar el control de tu energía; ya sea que sufras de ataques de ansiedad en ocasiones, o seas alguien que ha cambiado toda su vida para evitar estos ataques, estas afirmaciones van a ayudar a centrar y hacer las cosas se pongan en marcha nuevamente.

Elegir una afirmación para tu ansiedad

Cuando se trata de sentir ansiedad todo el tiempo, debes elegir una afirmación de inmediato, no es necesario que tengas la mejor, pero necesitas elegir una que resuene contigo y comenzar de inmediato porque ya has enviado tanta energía negativa de tus ataques de ansiedad que esperar lo empeorará todo; elige una y comienza una sesión de afirmación ahora mismo antes de seguir leyendo, aquí hay una buena para empezar: "Libero el control que la ansiedad y el pánico tenían sobre mí; en este momento estoy a salvo, estoy feliz de estar viviendo mi vida y de poder irradiar felicidad y confianza a los demás."

Dedica al menos unos minutos para decir esta afirmación y recuerda agregar los sentimientos y la convicción para comenzar a sentirte mejor. Después de esto, tendrás que adquirir el hábito de decir esta afirmación todos los días y un buena forma de comenzar es escribir la declaración veinte veces al día; hacerlo diez veces por la mañana y diez veces por la noche es mejor para que le recuerdes a tu autoconsciente que eres maravilloso y que la ansiedad ya no es el amo de tu vida, y con el tiempo te acostumbrarás tanto a esto que la afirmación se repetirá automáticamente en tu cabeza; esto puede ser útil durante todo el día si la ansiedad comienza a reaparecer o si te pones un poco ansioso, simplemente repite tu afirmación cada vez que necesites ayuda y podrás recuperar el control de tu vida sin la ansiedad.

Este es un proceso que puede llevar algún tiempo y la mayoría de las personas que han estado trabajando con ansiedad han lidiado con este problema durante mucho tiempo, pero eso no significa que debas perder la esperanza. Simplemente encuentra una afirmación con la que puedas trabajar, recuérdala siempre y no olvides ni te saltes un día; debes creer en la buena energía que estás enviando, y no pasará mucho tiempo antes de que empieces a notar un cambio en la forma en que te comportas y reaccionas a las cosas que suceden a tu alrededor. La ansiedad no tiene que tomar el control de tu vida mientras te des cuenta de tu valor y tomes el control.

Capítulo 9: Consejos para generar energía positiva

Hemos pasado algún tiempo hablando de cómo las diferentes energías que envías van a tener un efecto en el tipo de vida que tienes, ya que cuando envías energía negativa al enfocarte en todo lo malo que está pasando en tu vida, simplemente obtendrás más de lo mismo, por otro lado, si puedes reprogramar el cerebro y convencerlo de pensar en cosas positivas para revertir la energía que estás enviando, te sorprenderías de todas las grandes cosas que pueden entrar en tu vida; la elección es tuya. Puedes tener relaciones saludables, riqueza, éxito y buena salud, siempre y cuando entiendas y aprendas a cambiar tu energía.

¡Aquí hay algunas cosas que puedes hacer para cambiar la energía negativa que estás enviando en algo positivo para mejorar tu vida!

- Establece límites, a veces solo necesitas establecer límites para vivir la vida que deseas; por ejemplo, si pierdes una hora o más en correos electrónicos al día, estás recortando parte del tiempo que podrías pasar haciendo otra cosa, por eso, podrías establecer un límite simplemente revisando los correos electrónicos una vez al día durante veinte minutos y ahora tendrás cuarenta minutos adicionales al día que puedes usar para ti en lugar de desperdiciarlo en línea. Puedes hacer esto con muchas otras cosas, como establecer límites en el trabajo, establecer límites en la cantidad de tiempo que pierdes en las reuniones y mucho más.
- Lo que pasa con lo positivo; sí, hay momentos en tu vida en los que van a suceder cosas negativas, pero, ¿por qué desperdiciar toda tu energía enfocándote en lo malo? Eres una persona fantástica y vales mucho en la vida, entonces ¿por qué no enfocar toda su energía en esto y ver los resultados increíbles que puedes conseguir? Tú eres el que consigue

controlar la energía que estás enviando, así que concéntrate en lo bueno y obtén mucho más a cambio.

- Usa tus afirmaciones; pasamos mucho tiempo hablando de afirmaciones en este libro y cómo se pueden usar para ayudar a reprogramar tu mente. Estamos entrenados para enfocarnos en lo incorrecto y sentirnos horribles porque las cosas no van como nosotros queremos, pero esta no es la manera correcta de ver el éxito o la manera correcta de obtener las cosas que deseas; necesitas aprender a reprogramar tu mente para pensar en las cosas que quieres en la vida y enfocarte en lo positivo si quieres salir de esta rutina y comenzar a vivir la vida que quieres.

- Visualiza lo que deseas; la visualización es una de las mejores formas de enviar la energía adecuada, ya que a veces las palabras simplemente no funcionan, pero cuando imaginas lo que quieres y luego sales y lo haces, estás convenciendo a tu mente de que tienes el control y que todo es posible.

- Sé consistente; no vas a obtener los resultados de esto si no eres consistente porque hay tantas personas que se entusiasmarán con las afirmaciones y la física cuántica que lo probarán durante una semana más o menos y luego se rendirán; pueden olvidarse un par de veces o asumir que simplemente no tienen tiempo y estas son las mismas personas que afirman que las afirmaciones no funcionan porque no vieron los resultados que querían, por lo tanto, si quieres enviar la energía positiva al universo, tus afirmaciones y pensamientos positivos deben ser consistentes. Necesitas darte quince minutos cada día para que puedas concentrarte en reentrenar tu mente y hacer que se comporte de modo que envíes esas energías positivas todo el tiempo; no lo conseguirás perdiendo el tiempo que reservaste para solo hacerlo por un corto período de tiempo o jugando.
- Date cuenta de que tú eres el que tiene el control; lo más importante que puedes hacer es recordar que tú eres el que está a cargo porque

si crees que las cosas negativas son una parte de tu vida y que al universo no le gustas, vas a tener razón, pero esto no se debe a que el universo haga algo mal; se debe a la energía negativa que estás enviando y cuando empieces a darte cuenta de que eres el que controla tu destino, trabajarás más duro para mantener esos pensamientos positivos para que puedas vivir la vida que mereces.

La energía positiva puede ser la causante de muchas cosas buenas para toda tu vida; puede traerte la riqueza, la felicidad, la buena salud, las grandes relaciones y todo lo demás que deseas en la vida. Solo necesitas entender cómo tu energía está afectando a las otras partículas a tu alrededor para que veas que cuando envíes la energía positiva, ¡serás capaz de obtener de vuelta mucho más de esta!

Conclusión

Gracias por llegar hasta el final de *Física cuántica para conseguir lo que quieres: consejos prácticos de física cuántica para mejorar tu vida, atraer salud, felicidad y dinero*. Esperamos que haya sido informativo y capaz de proporcionarte todas las herramientas que necesitas para lograr tus objetivos, sean cuales sean; el siguiente paso es comenzar a hacer los cambios que deseas en tu vida. Tu destino es tener salud, riqueza y felicidad en tu vida; nadie más está a cargo de esto, y no tienes a nadie más a quien culpar si las cosas no van de la manera que quieres, solo debes hacer algunos cambios en tus liberaciones de energía y aprender a convertir tus emociones en herramientas poderosas que funcionen para ti, y esta guía te dará las herramientas que necesitas para usar la física cuántica para ver el éxito en la vida. Si bien la mayoría de las personas descartan la física cuántica porque piensan que no tiene nada que ver con sus vidas, es increíble cuánto puede controlar el resultado de su vida si lo permite, por eso, ¡toma el control y trabaja para conseguir todo lo que quieras!

Más libros de autoayuda en español por Maya Faro

Motivación: Libera tu motivación interior, logra lo que siempre has querido y disfruta el proceso

Ahora disponible en Amazon.

Toma el control de tu motivación y crea la vida de tus sueños

¿Te gustaría destruir tus creencias limitantes y liberar tu potencial oculto para acercarte a tus metas?

Tu búsqueda termina aquí. Estás a punto de descubrir estrategias simples y realizables para ayudarte a transformar cada ámbito de tu vida al alimentar tu motivación.

Esto es solo un anticipo de lo que encontrarás dentro de este libro:

- Cómo dejar en claro lo que realmente quieres
- El arte comprobado de diseñar una visión de vida convincente y emocionante

- Cómo lidiar con la adversidad y la gente tóxica (y cómo usarlo para alimentar tu motivación)
- Las mejores técnicas de escritura para aumentar tu energía y el placer por la vida
- Una manera comprobada de crear afirmaciones poderosas que funcionan para ti
- Una fórmula sencilla para soltar la culpa y los fracasos del pasado y seguir adelante
- Cómo un simple ritual matutino puede cambiar tu vida (ideas fáciles de seguir que puedes hacer incluso con una agenda ocupada)
- ¡Y mucho, mucho más que te empoderará, alimentará tu motivación y te ayudará a convertirte en el líder de tu vida!

¿Listo para ser imparable?

¡Pide tu copia ahora mismo y llena de energía tu motivación para crear la vida que siempre has querido!

www.ingramcontent.com/pod-product-compliance
Lightning Source LLC
LaVergne TN
LVHW011850060526
838200LV00054B/4264